Nuestras mascotas favoritas

Locos por los hámsters

De Harold Morris
Traducción de Santiago Ochoa

ÍNDICE

Un libro de El Semillero de Crabtree

CRABTREE
Publishing Company
www.crabtreebooks.com

Hámsters

Los hámsters son **roedores**, ¡unos roedores muy bonitos!

Hay más de 20 tipos diferentes de hámsters.

REPORTE ROEDOR

Los hámsters de vientre negro son hámsters **salvajes**. No se tienen como mascotas.

Solo cinco tipos de hámsters se tienen como mascotas.

REPORTE ROEDOR

Los hámsters sirios, o dorados, deben mantenerse solos en jaulas. Se pelean con otros hámsters.

REPORTE ROEDOR

Los hámsters tienen patas y colas cortas, orejas pequeñas y pelaje suave.

Los hámsters salvajes y los hámsters mascotas son **nocturnos**.

Como todos los roedores, los hámsters tienen grandes dientes frontales.

REPORTE ROEDOR

Dale a tu hámster juguetes de madera para que los mastique. Esto ayuda a mantener cortos sus dientes frontales.

Los hámsters comen **gránulos**, frutas y vegetales crudos.

REPORTE ROEDOR

Asegúrate de que tu hámster tenga siempre mucha agua fresca para tomar.

Los hámsters tienen **bolsas** en las mejillas. ¡A veces almacenan comida en las bolsas!

REPORTE ROEDOR

A los hámsters también les gusta esconder comida para comerla después.

Tu hámster necesita una jaula.

Coloca un lecho suave en la jaula.

REPORTE ROEDOR

Las jaulas deben mantenerse limpias, con el lecho cambiado cada semana.

Una rueda para hámsters le permite a tu hámster correr y jugar.

Recuerda darle a tu hámster mucho amor y **atención**.

Glosario

atención: Prestar atención a tu hámster significa pasar tiempo con él y asegurarse de que tenga lo que necesita.

bolsas: Las bolsas del hámster son como grandes bolsillos elásticos que tiene dentro de sus mejillas.

gránulos: Los gránulos son comida para hámsters que se vende en las tiendas.

nocturnos: Los animales nocturnos son activos por la noche y duermen durante el día.

roedores: Los roedores son animales con grandes dientes frontales que sirven para roer. Los hámsters, las ratas, los ratones y las ardillas son roedores.

salvajes: Los animales salvajes no están domesticados y no se tienen como mascotas.

Índice analítico

Apoyo escolar para cuidadores y profesores

Este libro ayuda a los niños a crecer permitiéndoles practicar la lectura. A continuación se presentan algunas preguntas orientativas para ayudar al lector a desarrollar su capacidad de comprensión. Las posibles respuestas que aparecen aquí están en color rojo.

Antes de leer

- **¿De qué creo que trata este libro?** Creo que este libro trata acerca de tener un hámster como mascota. Creo que este libro trata sobre cómo cuidar a un hámster como mascota.
- **¿Qué quiero aprender sobre este tema?** Quiero aprender más sobre qué tipo de comida es mejor para alimentar a los hámsters. Quiero saber si los hámsters son buenas mascotas.

Durante la lectura

- **Me pregunto por qué…** Me pregunto por qué los hámsters tienen grandes dientes frontales. Me pregunto por qué algunos hámsters son buenas mascotas y otros no.
- **¿Qué he aprendido hasta ahora?** He aprendido que los hámsters tienen patas y cola cortas, orejas pequeñas y pelaje suave. He aprendido que los hámsters de compañía están despiertos por la noche y duermen durante el día.

Después de leer

- **¿Qué detalles he aprendido sobre este tema?** He aprendido que hay que cambiar el lecho de tu hámster cada semana. He aprendido que debes darle a tu hámster juguetes de madera para que los mastique.
- **Vuelve a leer el libro y busca las palabras del glosario.** Veo la palabra *gránulos* en la página 12 y la palabra *bolsas* en la página 14. Las demás palabras del glosario se encuentran en las páginas 22 y 23.

Library and Archives Canada Cataloguing in Publication

CIP available at Library and Archives Canada

Library of Congress Cataloging-in-Publication Data

CIP available at Library of Congress

Crabtree Publishing Company
www.crabtreebooks.com 1–800–387–7650

Written by: Harold Morris
Translation to Spanish: Santiago Ochoa
Spanish-language copyediting and proofreading: Base Tres
Print coordinator: Katherine Berti

Print book version produced jointly with Blue Door Education in 2022

PHOTO CREDITS:
Cover photo © Elya Vatel, hamster on wheel graphic throughout © bsd, pages 2-2 © Dmytro Leschenko, page 4 © AfriramPOE, page 5 © Michal Pesata, page 6 g stock_shot, page 7 © Subbotina Anna, pages 8-9 © Montree Sanyos, page 10 © Irishasel, page 11 © Marisaj, page 12 © fantom_rd, page 13 © JessicaGirvan, page 14 © tanya_morozz, page 15 © Anyarnia, page 16-17 © EniSine, page 18 © ToNN AtiwatStocker, page 19 g Nataly G0, page 20 © aja Argakijeva, page 21 © IgorAleks, page 22 bottom photo © Anton Starikov All photos from Shutterstock.com

Published in the United States
Crabtree Publishing
347 Fifth Ave.
Suite 1402-145
New York, NY 10016

Published in Canada
Crabtree Publishing
616 Welland Ave.
St. Catharines, Ontario
L2M 5V6

Printed in the U.S.A./062022/CG20220124